मेकिंग रेडिकल डिसाइपल्स

मेकिंग रेडिकल डिसाइपल्स

छोटे दल, घर का चर्च और छोटे समय की इस कर्म सफर मे, चेले बनाने मे सुगमता के छोटी पुस्तिका, चर्च प्लानटींग मुवमेन्ट की मुहिम तक ले जाती है।

डेनियल बी. लेनकेस्टर, पी.एच.डी. द्वारा

प्रकाशित द्वारा: टी.एन. टी. प्रेस

पहली छपाई, २०११

ित गँदैॄॣॢॢूँ डॢ.ग ॢऐॢम्प ड़ीॢॢॢॢॢ, ग्ह्ॢ ्गंॢॢनी.म्दस ॢॢहॢहॢदस्सह, थ्ॢ्पी-ड़ीॢॢॢॢॢ १९८४, रु २०१२ ॅ ॢॢ़्धॢ़्तहा ॢ अॢॢॢॢॢप् ॢगंॢॢ़ॢ़ोॢत्तेॢॢॢॢू, ॢॢऐॢॢॢॢॢ ॢॢ़पॢ़-ॢॢॢम्म्य श्ग्ह॒, ॅ़्लहॢ़ह॒-ॢॢॢॢ़ॢॢॢू, ॢॢॢहीॢ गॢॢ़ॢ़ोॢत्तेॢॢॢॢू, ॢॢूॢॢॢत्तेम्पॅॢ गंॢॢॢॢ, ॢॅ़ॢॢॢू, ॢॢ़ॢ़ॢ़ॢम॒, ॅ ॢ श्ग्ह एम्ॢॢॢूॢ, ॐ

लाइबेरी अव काँग्रेस कॅटलॉग- इन- पब्लिकेशन डेटा बिब्लीआग्रफीकल

लेनकेस्टर, डेनियल बी.

मेकिंग रेडिकल डिसाइपल्स : छोटे दल, घर का चर्च और छोटे समय की इस कर्म सफर मे, चेले

बनाने मे सुगमता के छोटी पुस्तिका, चर्च प्लानटींग मुवमेन्ट की मुहिम तक ले जाती है। / डेनियल बी. लेनकेस्टर

ग्रंथ सूची निर्देश संयुक्त करना।

आइ.एस.बी.एन. ९७८-१-९३८९२०-१४-१

१.फोलो जीजस ट्रेनींग: बेसिक डिसाइप्लसिप - यूनाइटड स्टेट १ .टाइटल

अन्तर्वस्तु

प्रशिक्षण

स्वागत ५

बहुगुणि ९

प्रेम १५

प्रार्थना २३

कहना- सुनाना ३१

चलना ३७

जाओ ४५

भाग ५३

बीज बोना ५९

स्वीकार करना ६७

संदर्भ

प्रशिक्षकों का प्रशिक्षण ७३

सादा पूजो ७७

अधिक अध्ययन ८१

१

स्वागत

स्वागत प्रशिक्षण सत्र की शुरुवात शिक्षक और प्रशिक्षार्थियों के परिचय से होती है। शिक्षक प्रशिक्षार्थियों को येशू के आठ चित्रों से परिचित कराते है, सैनिक, खोजनेवाला. चरवाहा, बीज बानेवाला, बेटा, पवित्र, सेवा करनेवाला गृहप्रबंधक हाथ की मुद्राए के साथ क्योंकि लोग सुनकर, देखकर और कर कर सिखते है। येशु को अपनाना प्रशिक्षण, हर सत्र के हर सिखने के तरीके को समझाता है।

बायबल कहता है पवित्र आत्मा हमारे शिक्षक है। प्रशिक्षार्थियों को प्रोत्साहित करे की वे इस प्रशिक्षण में आत्मा पर अवलंबित रहे। सत्र का अंत एक चाय की दुकान शुरु करके होगा क्योंकि ज्यादा आरामदायी वातावरण शिक्षक और प्रशिक्षार्थियों के बीच हो। एक बैठक की तरह जिसे शिष्य येशु के साथ आनंद ले।

प्रशंसा

शुरुवात

प्रशिक्षार्थियों का परिचय

प्रशिक्षार्थी का परिचय

येशु का परिचय कराना

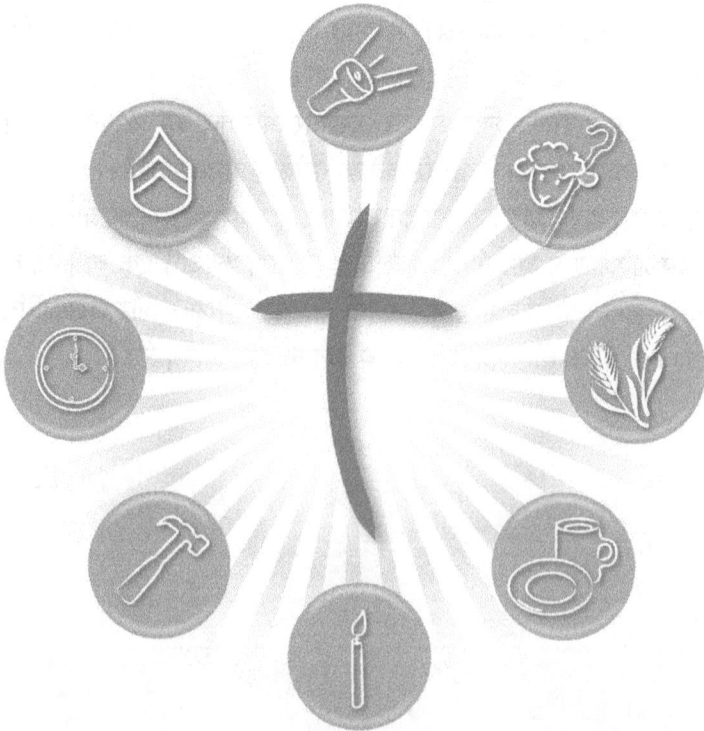

येशु के बायबल के आठ चित्र

✋ सैनिक

शब्दो को बढ़ाता है,

✋ खोजनेवाला

आँखो पर हाथ रख कर आगे पीछे देखता है,

✋ चरवाहा

अपने हाथ शरीर की तरफ बढाता है जैसे वो लोगों को इकट्ठा कर रहा हो,

✋ बीज बोने वाला

हाथो से बीज बोता है।

✋ बेटा

अपने हाथ मुँह की तरफ बढाता है जैसे वो खा रहा हो.

✋ पवित्र व्यक्ती

अपना हाथ क्लासिक 'प्रार्थना हाथ" की स्थिती मे रखता है।

✋ सेवक

हथौडा हीलाते है।

✋ गृहप्रबंधक

कमिज के खिसे या पर्स से पैसे लेता है।

कौनसे तीन तरीके है अच्छा सिखने के लिए ?

🖐 सुनना:

    तुम्हारे हाथ तुम्हारे कानो पर रखो।

🖐 करना:

    आपके हाथों को घुमाने की तरह किजीए ।

समाप्ती

चाय की दुकान खुली है। ❧

लूक ७: ३१-३५ सो मैं इस युग के लोगों की उपमा किस से दूं कि वे किस के समान हैं? वे उन बालकों के समान हैं जो बाजार में बैठे हुए एक दूसरे से पुकारकर कहते हैं, कि हम ने तुम्हारे लिये बांसली बजाई, और तुम न नाचे, हम ने विलाप किया, और तुम न रोए। क्योंकि यूहन्ना बपतिस्मा देने वाला न रोटी खाता आया, न दाखरस पीता आया, और तुम कहते हो, उस में दुष्टात्मा है। मनुष्य का पुत्र खाता-पीता आया है; और तुम कहते हो, देखो, पेटू और पियक्कड़ मनुष्य, चुंगी लेने वालों का और पापियों का मित्र। पर ज्ञान अपनी सब सन्तानों से सच्चा ठहराया गया है।

२

बहुगुणि

बहुगुणी येशु को एक गृह प्रबंधक की तरह परिचित करते है। गृह प्रबंधक अपने वक्त और खजाने से कुछ अच्छा वापस पाना चाहता है। पूरी से रहना चाहते है। प्रशिक्षार्थी फलदायी दृष्टी का लाक ये खोजने से ले सकते है

इस पाठ का अंत एक ज्ञान देने वाले नाटक से होगा जो हमे औ फल का अंतर बताता है, दुसरों को प्रशिक्षित करना और उन्हे अच्छी तरह सिखाना। प्रशिक्षार्थियों को चुनौती दे की वे कैसे लोगों को प्रशंसा, प्रार्थना, भगवान के शब्दो का अध्ययन करे और दुसरो को बताए इस वक्त, खजाना और ईमानदारी की पूंजी से प्रशिक्षार्थी येशु को अनोखा उपहार दे सकते है जब वे उन्हे स्वर्ग में देखे।

प्रशंसा

प्रार्थना

अध्ययन

समीक्षा

कौन से आठ चित्र है जो हमे येशु को अपनाने मे मदद करते है ?

हमारा धार्मिक जीवन गुब्बारे की तरह है।

येशु कैसे है ?

मॅथ्यु ६:२०-२१- परन्तु अपने लिए स्वर्ग में धन इकटठा करो, जहां न तो कीड़ा, और न कोई बिगाड़ते है; और जहां चोर ने सेंध लगाते और न चुराते है। क्योंकि जहां तेरा धन है वहा तेरा मन भी लगा रहेगा।

गृहप्रबंधक

कोनसी तीन चिज है जो गृहप्रबंधक पसंद करते ?

मॅथ्यु २५:१४-२८ क्योंकि यह उस मनुष्य की सी दशा है जिस ने परदेश को जाते समय अपने दासों को बुलाकर, अपनी संपत्ति उन को सौंप दी। उस ने एक को पांच तोड़, दूसरे को दो, और तीसरेको एक; अर्थात हर एक को उस की सामर्थ के अनुसार दिया, और तब पर देश चला गया। तब जिस को पांच तोड़े मिले थे, उस ने तुरन्त जाकर उन से

लेन देन किया, और पांच तोड़े और कमाए। इसी रीति से जिस को दो मिले थे, उस ने भी दो और कमाए। परन्तु जिस को एक मिला था, उस ने जाकर मिट्टी खोदी, और अपने स्वामी के रुपये छिपा दिए। बहुत दिनों के बाद उन दासों का स्वामी आकर उन से लेखा लेने लगा। जिस को पांच तोड़े मिले थे, उस ने पांच तोड़े और लाकर कहा; हे स्वामी, तू ने मुझे पांच तोड़े सौंपे थे, देख मैं ने पांच तोड़े और कमाए हैं। उसके स्वामी ने उससे कहा, धन्य हे अच्छे और विश्वासयोग्य दास, तू थोड़े में विश्वासयोग्य रहा; मैं तुझे बहुत वस्तुओं का अधिकारी बनाऊंगा अपने स्वामी के आनन्द में सम्भागी हो। और जिस को दो तोड़े मिले थे, उस ने भी आकर कहा, हे स्वामी तू ने मुझे दो तोड़े सौंपे थे, देख, मैं ने दो तोड़े और कमाएं। उसके स्वामी ने उस से कहा, धन्य हे अच्छे और विश्वासयोग्य दास, तू थोड़े में विश्वासयोग्य रहा, मैं तुझे बहुत वस्तुओं का अधिकारी बनाऊंगा अपने स्वामी के आनन्द में सम्भागी हो। तब जिस को एक तोड़ा मिला था, उस ने आकर कहा, हे स्वामी, मैं तुझे जानता था, कि तू कठोर मनुष्य है, और जहां नहीं छीटता वहां से बटोरता है। सो मैं डर गया और जाकर तेरा तोड़ा मिट्टी में छिपा दिया, देख, जो तेरा है, वह यह है। उसके स्वामी ने उसे उत्तर दिया कि हे दुष्ट और आलसी दास, जब यह तू जानता था, कि जहां मैं ने नहीं बोया वहां से काटता हूं, और जहां मैं ने नहीं छीटा वहां से बटोरता हूं। तो तुझे चाहिए था, कि मेरा रुपया सर्राफों को दे देता, तब मैं आकर अपना धन ब्याज समेत ले लेता। इसलिये वह तोड़ा उस से ले लो, और जिस के पास दस तोड़े हैं, उस को दे दो।

१. _____

२. _____

३. _____

भगवान का मनुष्य के लिए पहला आदेश क्या है ?

उत्पत्ति १:२८ और परमेश्वर ने उनको आशीष दी: और उन से कहा, फूलो-फलो, और पृथ्वी में भर जाओ, और उसको अपके वश में कर लो; और समुद्र की मछलियों, तया आकाश के पझियों, और पृथ्वी पर रेंगनेवाले सब जन्तुओं पर अधिक्कारने रखो।

मारकुस १६:१५- तब येशु ने उन से कहा, ''संसार के कोने-कोने में जाओ और प्रत्येक प्राणी को शुभ समाचार सुनाओ।

मै कैसे बहुगुणी और फलदायी बन सकता हूँ ?

२ तीमुथियुस २:२ और जो बातें तू ने बहुत गवाहों के साम्हने मुझ से सुनी हैं, उन्हें विश्वासी मनुष्यों को सौंप दे; जो औरों को भी सिखाने के योग्य हों।

गॅलेली समुद्र और मौत का समुद्र ॐ

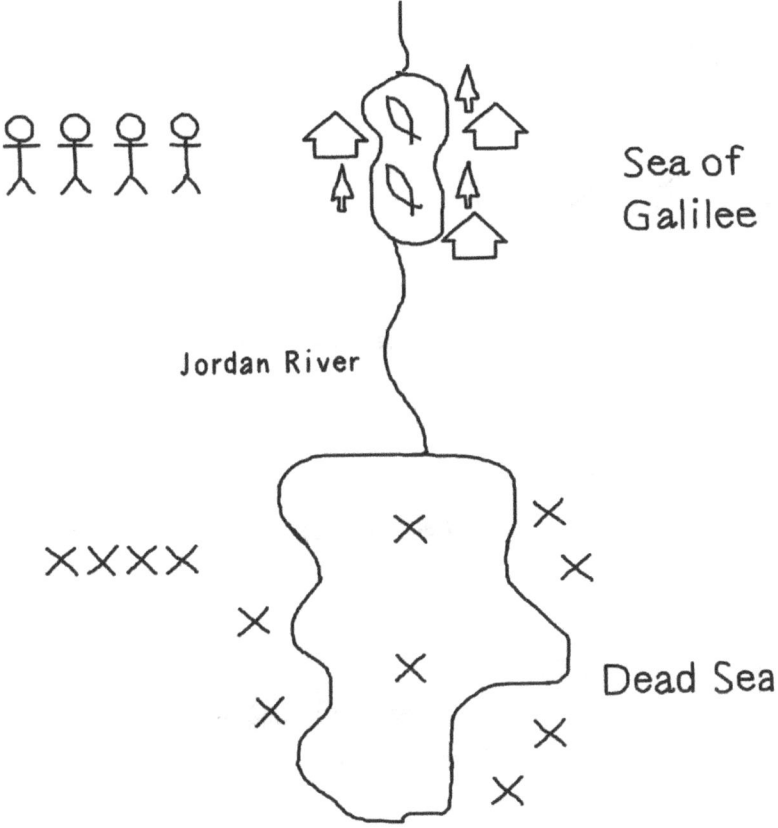

स्मृती कविता।

योहन १५:८ मेरे पिता की महिमा इसी से होती है, कि तुम बहुत सा फल लाओ, तब ही तुम मेरे चेले ठहरोगे।

अभ्यास

समाप्ती

येशु के लिए उपहार: ᝣ

प्रशंसा:
भगवान की प्रशंसा करने के लिए हाथ उठाए।

प्रार्थना:
हाथ क्लासिक मुद्रा मे रखे।

अभ्यास:
बायबल का अभ्यास करे आपके हाथ ऊपर उठाए जौसे आप किताब पढ़ रहे है।

दुसरों को येशु के बारे में बताईये।
हाथ बाहर रखिए जैसे की आप बीज बिखेर रहे हो।

३

प्रेम

प्रेम येशु को चरवाहे की तरह परिचित कराता है। चरवाहा भेड़ों का रक्षण करता है उन्हे खिलाता है और उन्हे अच्छी राह बताता है। हम लोगों को खिलाते है जब हम उन्हे भगवान की सब्दो से सिखाते है। लेकिन कौनसी पहली चीज है जो हम लोगों को भगवान के बारे मे सिखाते है? प्रशिक्षार्थी महत्वपूर्ण आदेश को खोजे, प्यार का रास्ता कौनसा है, ये कोज निकाले की पूजा कौनसे महत्वपूर्ण आदेश पर आधारित है।

प्रशिक्षार्थी सीधे शिष्य दल का नेतृत्व करे चार मूलपदार्तों के साथ प्रशंसा (भगवान को पूरे दिल से प्यार करना) प्रार्थना (भगवान को पुरी आत्मा से प्यार करना) धर्मग्रंथ अध्ययन (भगवान को पूरे मन से प्यार करना) युक्ती का अभ्यास (जिससे हम भगवान को पूरी ताकत से प्यार करे) आखिरी नाटक 'भेड़े और शेर" माननेवालों मे बहुत सारे शिष्य दल की जरुरत दिखाता है।

प्रशंसा

प्रार्थना

१) कैसे हम उन लापता लोगों के लिए प्रार्थना करे जिन्हे हम बचाना चाहते थे?
२) कैसे हम उस दल के लिए प्रार्थना करे जिन्हे हम प्रशिक्षित कर रहे है?

- अगर साथी ने किसीको प्रशिक्षित करना नही शुरु किया तो उसके संबंध के उस 'व्यक्ती के लिए प्राथना करे जिन्हे वर प्रशिक्षित करना चालू कर सके।
- सभी सहपाठी साथ में प्रार्थना करे

अभ्यास

समीक्षा

कौन से आठ चित्र है जो हमे येशु को अपनाने मे मदद करते है

बहुसंख्य।

कौनसी तीन चीजे है जो एक सेवक करता है?
येशु की मनुष्य के लिए कोनसी पहली आज्ञा है?
येशु की मनुष्य के लिए कोनसी आखरी आज्ञा है?
मै केसे फलदायी और बहुसेवि रह सकता हूँ?
इस्त्राईल के दो समुद्र के नाम कोनसे है?
वे इतने अलग क्यों है?
आप किस एक जैसा बनाना चाहते है?

येशु कैसे है ?

मारकुस ६ : ३ ४- येशु ने नाव से उतर कर एक विशाल जनसमूह देखा। उन्हें उन लोगो पर तरस आया, क्योंकि वे बिना चरवाहे की भेड़ों की तरह थे और वह उन्हें बहुत-सी बातों की शिक्षा देने लगे। (एन ए एस बी)

____

चरवाहा

हाथ अपने शरीर की तरफ बढाइये जैसे आप लोगो को इकठ्ठा कर रहे हो।

एक चरवाहा कौनसी तीन चीजे करता है ?

ईत्स २ ३ : १ - ६ - यहोवा मेरा चरवाहा है, मुझे कुछ घटी न होगी। वह मुझे हरी हरी चराइयों में बैठाता है; वह मुझे सुखदाई जल के झरने के पास ले चलता है; वह मेरे जी में जी ले आता है। धर्म के मार्गों में वह अपने नाम के निमित्त मेरी अगुवाई करता है। चाहे मैं घोर अन्धकार से भरी हुई तराई में होकर चलूँ, तौ भी हानि से न डरूँगा"; क्योंकि तू मेरे साथ रहता है; तेरे सोंटे और तेरी लाठी से मुझे सान्ति मिलती है। तू मेरे सतानेवालों के सामने मेरे लिये मेज बिछाता है; तू ने मेरे सिर पर तेल मला है, मेरा कटोरा उमड़ रहा है। निश्चय भलाई और करुणा जीवन भर मेरे साथ साथ बनी रहेंगी; और मैं यहोवा के धाम में सर्वदा वास करूँगा।(एन ए एस बी)

१. ____

२. ____

३. ____

लोंगो को सिखाने का मनुष्य आदेश क्या है ?

मारकुस १२:२८-३१ एक शास्त्री यह शास्त्रार्थ सुन रहा था। उसने देखा कि येशु ने सदूकियों को ठीक उत्तर दिया है। वह आगे बढ़ा और उसने येशु से पूछा, "सब से पहली आज्ञा कौन-सी है?" येशु ने उत्तर दिया, "पहली आज्ञा यह है: 'इस्राएल सुनो! हमारा प्रभु परमेश्वर एकमात्र प्रभु है। अपने प्रभु परमेश्वर को अपने सम्पूर्ण हृदय, सम्पूर्ण प्राण, सम्पूर्ण बुद्धि और सम्पूर्ण शक्ति से प्रेम करो। दूसरी आज्ञा यह है, 'अपने पड़ोसी को अपने समान प्रेम करो इन से बड़ी कोई आज्ञा नहीं"

१. _____

🖐 भगवान की तरफ हाथ ऊपर उठाओ।

२. _____

🖐 दुसरे की तरफ अपने हाथ बढाओ।

प्यार कहाँ से आता है ?

१ योहन ४:७-८ प्रियो! हम एक दूसरे से प्रेम करें, क्योंकि प्रेम परमेश्वर से उत्पन्न होता है। जो प्रेम करता है, वह परमेश्वर की सन्तान है और परमेश्वर को जानता है। जो प्रेम नहीं करता, वह परमेश्वर को नहीं जानता; क्योंकि परमेश्वर प्रेम है।

_____

🖐 हम भगवान से प्यार प्राप्त करते है और दुसरों को देते है।

🖐 भगवान की प्रशंसा करने के लिए हाथ उठाओ ।

अपने हाथ क्लासिक प्रार्थना मुद्रा मे रखे।

मारकुस १२:३० अपने प्रभु परमेश्वर को अपने सम्पूर्ण हृदय, सम्पूर्ण प्राण, सम्पूर्ण बुद्धि और सम्पूर्ण शक्ति से प्रेम करो.

हम...	तो हम...	हाथ की मुद्राए करने
भगवान को अपने पुरे दिल से प्यार करते है	प्रशंसा करना	हाथ दिल के ऊपर रखो फिर दोनो हाथ उठाओ भगवान को प्रशंसा करो।
भगवान को पूरी आत्मा से प्यार करते है।	प्रार्थना करना	बंद हाथ बाजू मे रखो फिर क्लेसिक प्रार्थना मुद्रा बनाओ।
भगवान को पूरे मन से प्यार करते है।	अध्ययन	हाथ सिरपे दाएँ तरफ कि ओर रखो जैसे सोच रहे हो फिर हाथ ऊपर उठाओ जैसे पुस्तक पढ़ रहे हो।
भगवान को पूरी ताकत से प्यार करते है।	बताओ जो सिखा (अभ्यास)	हाथ ऊपर रखो फिर हाथ बाहर ले लो जैसे बीज बोते है

कितने लोग है जो पूजा करने के लिए चाहते है?

जहाँ दो तीन लोग मेरे नाम के साथ है वहाँ उनके सात मैं हूँ।

कविता

योहन १३:३४, ३५ मैं तुम्हें एक नयी आज्ञा देता हूँ, तुम एक-दूसरे से प्रेम करो। जिस प्रकार मैंने तुम से प्रेम किया, उसी प्रकार तुम भी एक-दूसरे से प्रेम करो। यदि तुम एक-दूसरे से प्रेम करोगे, तो उसी से सब लोग जान जायेंगे कि तुम मेरे शिष्य हो।""

अभ्यास

समाप्ती

पूजा

१) यह कहानी हमें भगवान के बारे में क्या बताती है?
२) यह कहानी हमें किस तरहे शु को ापनाने में मदद करती है?
३) यह कहानी हमें लोंगों के बारे में क्या बताती है?

तुम्हांरे लिए ये क्यू इतना जरुरी है कि दल शुरु किया जाए ?

भेडिए और शेर। ☙

४

प्रार्थना

प्रार्थना करना प्रशिक्षार्थी को येशु एक पवित्र व्यक्ती की तरह मिलाता है। वे एक पवित्र जीवन जिए और हमारे लिए क्रिस पर चढे। बगवान हमें आदेश देते है, कि संत बनो ताकि हम येशु को अपना सके। संत भगवान की पूजा करते है। पवित्र जिवन व्यतीत करते है और दूसरो को जीवन प्रार्थना करते है। येशु को अपनान एक मिसाल है।

हम भगवान की प्रशंासा करते है। हमारे पापों का पश्चाताप करते है। भगवान से हमारी जरुरतों की माँग करते है. और वे हमें जो करने के लिए कहते है वे हम करते है। भगवान हमारी प्रार्थना का चार तरीकों से उत्तर देते है। नही, (अगर हमने बुरे इरादोंसे कुछ माँगा हो) धीरे (अगर वक्त-समय सही न हो), बढ़ो (अगर उनसे उत्तर देने के पहले हम में और समझ आनी जरुरी हो) जाओ (जब हम उनकी इच्छा और शब्द की तरह प्रार्थना करते है) प्रशिक्षार्थी भगवान को फोन नंबर याद करले, ३-३-३ यह जेरीमह ३३:३ पर आधारित है और हमें भगवान को रोज बुलाने के लिए प्रोत्साहित करते है।

प्रशंसा

प्रार्थना

१. जो लोग गये है जिन्हे आप बचाना चाहते है। उनके लिए प्रार्थना कैसे की जाए ?

२. हम जिस वर्ग को देते है उनके लिए प्रार्थना कैसे कि जाए ?

अध्ययन

फोन का खेल — क्या तुमने कभी फोन का खेल खेला है ? ☙

समिक्षा

कौन से आठ चित्र या कोग है। जो हमें येशु को अपनाने में मदत करते है ?

बहुसंख्य

कौनसी तीन चीजे है जो एक सेवक करता है ?

येशु की मनुष्य के लिए कोनसी पहली आज्ञा है ?

येशु की मनुष्य के लिए कोनसी आखरी आज्ञा है ?

मै केसे फलदायी और बहुसेवि रह सकता हूँ ?

इस्त्राईल के दो समुद्र के नाम कोनसे है ?

वे इतने अलग क्यों है ?

आप किस एक जैसा बनाना चाहते है ?

प्रेम

कौनसी तीन चीजे है जो चरवाहा करता है ?
दूसरो को सीखाने क्या सबसे महत्वपूर्ण आदेश है ?
प्रेम कहाँ से आता है ?
सरल पूजा क्या है ?
हमारे पास सरल पूजा क्यों है ?
सरल पूजा करने कितने लोगों की आवश्यकता है ?

येशु कैसे है ?

लूक ४:३३-३५- सभागृह में एक मनुष्य था, जो अशुद्ध भूतात्मा के वश में था। वह ऊँचे स्वर से चिल्ला उठा, ''हे येशु, नासरत-निवासी! हमें आपसे क्या काम ? क्या आप हमें नष्ट करने आये हैं ? मैं जानता हूँ, कि आप कौन है- परमेश्‍वर के भेजे हुए पवित्र जन!"" येशु ने यह कहते हुए उसे डांटा, ''चुप रह, और इस मनुष्य से बाहर निकल जा।"" भूत ने सब के सामने उस मनुष्य को भूमि पर पटका और उसकी कोई हानि किये बिना वह उस से निकल गया।

येशु भगवान के पवित्र रुप है। वे ही है जिनकी हम पूजा करते है। वे हमारे लिए भगवान की तरफ मध्यस्थी करते है। वे हमें दुसरों के लिए मद्यस्थ होने के लिए कहते है और उनसे जुडा धार्मिक जीवन जीने के कहते है येशु एक पवित्र रुप है। हम संत की तरह है।

अपने हाथ क्लेसिक प्रार्थना के मुद्रा मे रखे। कौनसी तीन चीजे है एक संत करता है।

मत्ती २१:१२-१६- येशु ने मन्दिर में प्रवेश किया और वहाँ से उन सब को बाहर निकाल दिया, जो मन्दिर में क्रय-विक्रय कर रहे ते। उन्होंने सराफों की मेजें और कबूतर बेचनेवालों की चौकियाँ उलट दी और उन से कहा, ''धर्मग्रन्थ में लिखा है: 'मेरा घर प्रार्थना का घर कहलायेगा,''- परन्तु तुम लो उसे लुटेरों का अड्डा बना रहे हो।''' अन्धे और लंगडे येशु के पास मन्दिर में आये और येशु ने उन को स्वस्थ कर दिया। जब महापुरोहितों और शास्त्रियों ने उनके आश्चर्यपूर्ण कार्य देखे और बालकों को मन्दिर में यह जयगोष करते सुना- ''दाऊद के वंशज की जय!''', तो वे क्रुद्ध हो गए। वे येशु से बोले, ''क्या तुम सुन रहे हो कि ये क्या कर रहे हैं?''' येशु ने उन्हे उत्तर दिया, ''हाँ, सुन रहा हूँ! क्या तुम लोगों ने धर्मग्रन्थ में यह नहीं पढ़ा, 'बालकों और दुधमुँहे बच्चे के मुख से तूने अपना गुणगान कराया?'''

१. _____

२. _____

३. _____

हम प्रार्थना कैसे करेंगे ?

लूक १०:२१- उसी घड़ी येशु ने पवित्र आत्मा में उल्लसित हो कर कहा, ''पिता! स्वर्ग और पृथ्वी के प्रभु! मैं तेरी स्तुति करता हूँ, क्योंकि तूने ये सब बातें ज्ञानियों और बुद्धिमानों से गप्त रखीं, किन्तु बच्चे पर प्रकट की। हाँ, पिता यही तुझे अच्छा लगा।

१. _____

✋ हात पूजा के लिए उठाओ।

लूक १८:१०-१४ - ''दो मनुष्य प्रार्थना करने मन्दिर में गये: एक फरीसी संप्रदाय का था और दूसरा चुंगी - अधिकारी था। फरीसी खड़े-खड़े इस प्रकार प्रार्थना कर रहा था, 'परमेश्वर! मैं तुझे धन्यवाद देता हूँ कि मैं दूसरे लोगों की तरह लोभी, अन्यायी, व्यभिचारी नहीं हूँ और न इस चुंगी- अधिकारी की तरह हूँ। मैं सप्ताह में दो बार उपवास करता हूँ और अपनी सारी आय का दशमांश दान करता हूँ। चुंगी - अधिकारी कुछ दूरी पर खड़ा था। उसे स्वर्ग की ओर आँख उठाने तक का साहस नहीं हुआ। वह अपनी छाती पीट-पीट कर यह कह रहा था, 'परमेश्वर! मुझ पापी पर दया कर।''''येशू ने कहा, ''मैं तुमसे कहता हूँ, वह पहला नहीं, बल्कि यह मनुष्य पापमुक्त होकर अपने घर गया। क्योंकि जो कोई अपने आपको ऊँचा करता है, वह नीचा किया जाएगा, परन्तु जो अपने आप को नीचा करता है, वह ऊँचा किया जाएगा।''

२. _____

✋ हथेलियों को अपने चेहरे की तरफ रखों, सिर घुमाओ।

लूक ११:९- मैं तुम से कहता हूँ - माँगो तो तुम्हें दिया जायेगा; ढूँढों तो तुम पाओगे; खटखटाओ तो तुम्हारे लिए खोला जायेगा।

३. _____

पुछो:

स्वीकार करना:

मॅथ्यब जब्दी के पुत्रों की माता ने अपने पुत्रों के साथ उसके पास आकर प्रणाम किया, और उस से कुछ मांगने लगी। उस ने उस से कहा, तू क्या

चाहती है? वह उस से बोली, यह कह, कि मेरे ये दो पुत्र तेरे राज्य में एक तेरे दाहिने और एक तेरे बाएं बैठें। यीशु ने उत्तर दिया, तुम नहीं जानते कि क्या मांगते हो? जो कटोरा मैं पीने पर हूं, क्या तुम पी सकते हो? उन्होंने उस से कहा, पी सकते हैं।

१. _____

योहन ११:११-१५ उस ने ये बातें कहीं, और इस के बाद उन से कहने लगा, कि हमारा मित्र लाजर सो गया है, परन्तु मैं उसे जगाने जाता हूं। तब चेलों ने उस से कहा, हे प्रभु, यदि वह सो गया है, तो बच जाएगा। यीशु ने तो उस की मृत्यु के विषय में कहा था: परन्तु वे समझे कि उस ने नींद से सो जाने के विषय में कहा। तब यीशु ने उन से साफ कह दिया, कि लाजर मर गया है। और मैं तुम्हारे कारण आनन्दित हूं कि मैं वहां न था जिस से तुम विश्वास करो, परन्तु अब आओ, हम उसके पास चलें।

२. _____

लूक ५१-५६ जब उसके ऊपर उठाए जाने के दिन पूरे होने पर थे, जो उस ने यरूशलेम को जाने का विचार दृढ़ तकिया। और उस ने अपने आगे दूत भेजे: वे सामरियों के एक गांव में गए, कि उसके लिये जगह तैयार करें। परन्तु उन लोगों ने उसे उतरने न दिया, क्योंकि वह यरूशलेम को जा रहा था। यह देखकर उसके चेले याकूब और यूहन्ना ने कहा; हे प्रभु: क्या तू चाहता है, कि हम आज्ञा दें, कि आकाश से आग गिरकर उन्हें भस्म कर दे। परन्तु उस ने फिरकर उन्हें डांटा और कहा, तुम नहीं जानते कि तुम कैसी आत्मा के हो। क्योंकि मनुष्य का पुत्र लोगों के प्राणों को नाश करने नहीं वरन बचाने के लिये आया है: और वे किसी और गांव में चले गए।

३. _____

योहन १५:७ यदि तुम मुझ में बने रहो, और मेरी बातें तुम में बनी रहें तो जो चाहो मांगो और वह तुम्हारे लिये हो जाएगा।

४. ______________________________

कविता

लूक११:९ और मैं तुम से कहता हूं; कि मांगो, तो तुम्हें दिया जाएगा; ढूंढों तो तुम पाओगे; खटखटाओ, तो तुम्हारे लिये खोला जाएगा।

अभ्यास

समापन —

भगवान का फोन नंबर क्या है? नंबर है ३-३-३

यिर्मयाह ३३:३ मुझ से प्रार्थना कर और मैं तेरी सुनकर तुझे बड़ी-बड़ी और कठिन बातें बताऊंगा जिन्हें तू अभी नहीं समझता।

५

कहना- सुनाना

कहना सुनना प्रसिक्षार्थीयों को एक सेवक की तरह मिलाता है। सेवक दुसरों को मदत करता है उनके पास एक अच्छा दिल है, वे अपने मालिक की हर बात मानते है, उसी तरह येशु अपने पिता की हर बात मानते है, उनकी सेवा करते है। इस तरह ाब हम येशु की सेवा करते है और उन्हें ापनाते है। इन सब के लिए हमें उन्होंने चार आदेश दिए है, जिनका हमें पालन करना है। जाओ अपने शिष्य बनाओ, बॉपटाइज और उन्हें येशु ने दिया आदेश का पालन सिखाओ। येशु ने यह भी वादा किया है कि, वे हमेशा हमारे साथ रहेंगे। जब येसु आदेश देते है। हमें हमेशा उसका तुरंद उसका पालन करना चाहिए और अपने दिल से करना चाहिए। तुफान हर एक के जिवन में आते है, लेकिन बुद्धिमान व्यक्ती येसु के ्देश का पालन करके अपना जीवन सवाँरता है लेकिन मुर्ख व्यक्ती ऐसा नही करता। अंत में प्रशिक्षार्थी अपना ॲक्ट २९ मॅप शुरु करे। एक हरेभरे खेत का चित्र जो वे अपने सेमिनार के अंत में उपहार के रुप में देंगे।

प्रशंसा

प्रार्थना

१) जो लोग लापता है जिन्हे आप बचाना चाहते है उनके लिए प्रार्थना कैसे करे ?

२) तुम जिस दल को प्रशिक्षण दे रहे हो उनके लिए प्रार्थना कैसे करे ?

३) अगर साथी ने किसी को प्रशिक्षण देना नही शुरु किया तो उन क्षमता वाले लोगो के लिए प्रार्थना करो जिनके वह आस पास हो और उन्हे वह प्रशिक्षित कर सकते है। सभी साथी साथ मे प्रार्थना करे। सहयोगी एक साथ प्रार्थना करो।

समीक्षा:

कौन से आठ चित्र है जो हमे येशु को अपनाने मे मदद करते है ?

बहुसंख्य

कौनसी तीन चीजे है जो एक सेवक करता है ?
येशु की मनुष्य के लिए कोनसी पहली आज्ञा है ?
येशु की मनुष्य के लिए कोनसी आखरी आज्ञा है ?
मै केसे फलदायी और बहुसेवि रह सकता हूँ ?
इस्त्राईल के दो समुद्र के नाम कोनसे है ?
वे इतने अलग क्यों है ?
आप किस एक जैसा बनाना चाहते है ?

प्रेम

कौनसी तीन चीजे है जो चरवाहा करता है ?
दूसरो को सीखाने क्या सबसे महत्वपूर्ण आदेश है ?
प्रेम कहाँ से आता है ?
सरल पूजा क्या है ?
हमारे पास सरल पूजा क्यों है ?
सरल पूजा करने कितने लोगों की आवश्यकता है ?

प्रार्थना

कौनसी तीन चीजे है जो संत करता है ?

हम कैसे प्रार्थना करें ?

परमेश्वर हमें कैसे उत्तर देंगे ?

भगवान का फोन नंबर कौनसा है ?

येशु कैसे है ?

मारक १०:४५ क्योंकि मनुष्य का पुत्र इसलिये नहीं आया, कि उस की सेवा टहल की जाए, पर इसलिये आया, कि आप सेवा टहल करे, और बहुतों की छुड़ौती के लिये अपना प्राण दे।।

🖐 सेवक

कौनसी तीन चीजे है जो सेवक करता है ?

फिलिप्पियों २:५- ८- आप लोग अपने मनोभावों को येशु मसीह के मनोभावों के अनुसार बना लें, यद्यपि मसीह परमेश्वर- स्वरुप थे, फिर भी उन्होंने परमेश्वर के तुल्य होने को अपने अधिकार में करने की वस्तु नहीं समझा; वरन् दास का स्वरुप ग्रहण कर उन्होंने अपने को रिक्त कर दिया, और वह मनुष्यों के समान बन गए। मानवीय रुप में प्रकट होकर मसीह ने अपने को दीन बना लिया और यहाँ तक आज्ञाकारी रहे कि मृत्यु, हाँ क्रूस की मृत्यु भी, स्वीकार की।

१. _____

२. _____

३. _____

मॅथ्यु २८:१८ यीशु ने उन के पास आकर कहा, कि स्वर्ग और पृथ्वी का सारा अधिकार मुझे दिया गया है।

_____

येशू ने कौनसी चार आज्ञाए हर विश्वासियों को दिया है ?

मॅथ्यु २८:१९ इसलिये तुम जाकर सब जातियों के लोगों को चेला बनाओ और उन्हें पिता और पुत्र और पवित्रआत्मा के नाम से बपतिस्मा दो।

१. _____

✋ उंगलियों आगे बढ़ना ''चलना''

२. _____

✋ सरल पूजा से चार हाथ गती का उपयोग करो: प्रशंसा, अध्ययन, अभ्यास, प्रार्थना

३. _____

✋ अपना हाथ दूसरे कोहने पर रखो, कोहनी को ऊपर निचे ले लो जैसे कोई बपतिस्मा किया जा रहा है।

४. _____

✋ दोनों हाथ साथ मे ले लो जैसे आप एक पुस्तक पढ़ रहे
हो, फिर ''पुस्तक'' आगे और पीछे, बाँए से दाएँ ले लो
जैसे लोगों को सिखा रहे है।

हम येशू को आज्ञा का पालन कैसे करना चाहिए ?

१. _____

✋ अपने दाएँ हाथ बाएँ से दाएँ हिलाओ

२. _____

✋ तुम्हारे हाथ उपर से नीचे ऐसे टुकडे करने की स्थिती मे
रखो।

३. _____

✋ अपने हाथ मोडके दिल पर रखो फिर भगवान की प्रशंसा
के लिए ऊपर उठाओ।

हर माननेवाले को येशु क्या वादा करते है ?

मॅथ्यु २८:२० और उन्हें सब बातें जो मैंने तुम्हें आज्ञा दी है, मानना
सिखाओ: और देखो, मैं जगत के अन्त तक सदैव तुम्हारे संग हूं।।

स्मृती कविता

यी १५:१० वह जगह में था, और जगत उसके द्वारा उत्पन्न हुआ, और जगत ने उसे नहीं पहिचाना।

अभ्यास

समाप्ती/अंत

सच्चे आधार पर काम करना/बनाना ☙

मत्ती ७:२४, २५- ''जो मेरी ये बाते सुनता और उन पर चलता है, वह उस समझदार मनुष्य के सदृश है, जिसने चट्टान पर अपना घर बनवाया था। पानी बरसा, नदियों में बाढ़ आयी, आँधियाँ चली और वेग पूर्वक उस घर से टकरायीं। तब भी वह घर नहीं ढहात; क्योंकि उसकी नींव चट्टान पर डाली गयी थी।""

मन्ती ७:२६-२७- ''जो मेरी ये बाते सुनता है, किन्तु उन पर नहीं चलता, वह उस मूर्ख के सदृश है, जिसने बालू पर अपना घर बनवाया। पानी बरसा, नदियों में बाढ़ आयी, आँधियाँ चलीं और उस घर से टकरायी। वह घर ढह गया और उसका सर्वनाश हो गया।""

नक्शे के जानकार चिह्न, अस्पताल, घर, मंदिर, मश्जिद, चर्च, पाठशाला या बाजार ☙

६

चलना

चलना प्रशिक्षार्थी को एक बेटे की तरह येशु से परिचित कराता है। बेटा/बेटी अपने पिता का मान रखते है, एकता की इच्छा करते है और अपने परिवार को यशस्वी बनाना चाहते है। येशु पिता के रुप में बहुत ही प्यारे है और एक पवित्र आत्मा उनमे रहती है उनके बाप्तीस्म में। येशु अपने मंत्रीमंडळ में यशस्वी रहे है क्योंकि वे पवित्र आत्मा की शक्ति पर आधारित रहते है।

इसी तरह हमे भी अपने जीवन में इस पवित्र आत्मा की शक्ति पर आधारित रहना चाहिए। इस पवित्र आत्मा के उद्देश्य में हमे चार आदेशों का पालन करना है। आत्मा के साथ चलो, आत्मा को मत करो, आत्मा से भरे रहो और उसे मत बुझाओ। येशु आज हमारे साथ है और हमे मदद करना चाहते है जैसी मदद उन्हे गॅलिली के रास्ते पर के लोगों की थी। हम येशु को बुला सकते है जब हमे उसे अपनाने में कोई रुकावट आ रही हो।

प्रशंसा

प्रार्थना

१)जो लोग लापता है जिन्हे आप बचाना चाहते है उनके लिए प्रार्थना कैसे करे ?

२) तुम जिस दल को प्रशिक्षण दे रहे हो उनके लिए प्रार्थना कैसे करे ?

३) अगर साथी ने किसी को प्रशिक्षण देना नही शुरु किया तो उन क्षमता वाले लोगो के लिए प्रार्थना करो जिनके वह आस पास हो और उन्हे वह प्रशिक्षित कर सकते है। सभी साथी साथ मे प्रार्थना करे। गॅस के बारे में अभ्यास तुम क्या सोचते हो जब मै मेरी मोटरसायकल को धकेलता हूँ और उसमे गॅस भी नही भरता। एक प्रतिनिधी के लिए पुछिये ये प्रतिनिधी आपकी मोटरसायकल है। इसे स्कूल जाने, बाजार जाने, मित्रों से मिलने धकेलिए। आप के मित्र के घर पर वे आप के साथ मोटरसायकल पर घुमने के लिए पूछे। उन्हे भी दीजिए और धकेलिए। ये कितना थकावट भरा होगा ये करके बताईये। जब आप अपने मोटरसायकल में गॅसोलीन भरोगे तो वह ज्यादा आसान होगा। चाबी घुमाईये और किक मारकर अपनी मोटरसायकल चालू करे। ये देके की वह आवाज करे।

समीक्षा

हर समीक्षा सत्र एक जैसा होगा। प्रशिक्षार्थीयां को खडे होकर पहले के पाठ याद करने के लिए कहे। ये भी देखे की वे हाथ की मुद्राएँ भी करे।

सेवाकरनेवाला कौनसी तीन चीजे करता है ?

भगवान का मनुष्य के लिए कौनसा पहला आदेश है ?

येशु को कौनसा आखरी आदेश है ?

मै कैसे बहुगुणी और फलदायी बन सकता हूँ ?

इस्त्राईल मे कौनसे दो समुद्र है ?

वे सबसे अलग क्यो है ?

तुम किस एक जैसा बनना चाहते हो ?

प्यार:

> चरवाहा कौनसी तीन चीजे करता है ?
> दुसरो को सिखाने के लिए कौनसा मुख्य आदेश है ?
> प्यार कहाँ से आता है ?
> साधी पूजा क्या है ?
> हमे पूजा क्यों करनी चाहिए ?
> कितने लोग ये पूजा करने को लेते है ?

प्रार्थना-

> कौनसी तीन चीजे है जो संत करता है ?
> हम प्रार्थना कैसे करे ?
> भगवान हमे कैसे जवाब देते है ?
> भगरान का फोन नंबर कौनसा है ?

आज्ञा मानो —

> कौनसी तीन चीजें नौकर करता है ?
> किसे सबसे ज्यादा अधिकार है ?
> कौनसे चार आदेश येशु अपने माननेवालों को देते है ?
> हम येशु की आज्ञा कैसे माने ?
> येशु हमे क्या वचन देते है ?
> येशु कैसे है ?

> मॅथ्यु ३:१६-१७ और यीशु बपतिस्मा लेकर तुरन्त पानी में से ऊपर आया, और देखो, उसके लिये आकाश खुल गया; और उस ने परमेश्वर के आत्मा को कबूतर की नाई उतरते और अपने ऊपर आते देखा। और देखो, यह आकाशवाणी हुई, कि यह मेरा प्रिय पुत्र है, जिस से मैं अत्यन्त प्रसन्न हूं।।

✋ अपने हाथ मुँह की तरफ बढाईये जैसे आप खा रहे हो। बेटे ज्यादा खाते है।

कौनसा तीन चीजें बेटा करता है ?

योहन १७:४, १८-२१ - (येशु बोले....) ''जो कार्य तूने मुझे करने को दिया था, वह मैंने पूरा किया और उस प्रकार पृथ्वी पर तेरी महिमा की। जिस तरह तूने मुझे संसार में भेजा है, उसी तरह मैंने भी उन्हें संसार में भेजा है। मैं उनके लिए अपने को समर्पित करता हूँ, जिससे वे भी सत्य के द्वारा समर्पित हो जायें। मैं न केवल उनके लिए प्रार्थना करता हूँ, बल्कि उनके लिए भी जो उनका संदेश सुनकर मुझ में विश्वास करेंगे, कि वे सब एक हों। पिता! जिस तरह तू मुझ में है और मैं तुझ में, उसी तरह वे भी में एक हों, जिससे संसार यह विश्वास करे कि तूने मुझे भेजा है।

१. _____

२. _____

३. _____

येशु का मंत्रीमंडल यशस्वी क्यों है ?

लूक ४:१४- (परीक्षा लेने के बाद) आत्मा के सामर्थ्य से सम्पन्न हो कर येशु गलील प्रदेश को लौटे और उनकी चर्चा आस पास के समस्त क्षेत्र में फैल गयी।

येशु अपने मानने वालो से क्रॉस के सामने इस पवित्र आत्मा के बारे मे क्या वादा करते है ?

योहन १४:१६-१८- मैं पिता से प्रार्थना करूँगा और वह तुम्हें एक दूसरा सहायक प्रदान करेगा, जो सदा तुम्हारे साथ रहेगा। वह सत्य का आत्मा है, जिसे संसार ग्रहण नहीं कर सकता, क्योंकि वह उसे न तो देखता है और न जानता है। तुम उसे जानते हो, क्योंकि वह तुम्हारे साथ रहता है और तुम में रहेगा। मैं तुम को अनाथ नहीं छोड़ूंगा, मैं तुम्हारे पास आ रहा हूँ।

१. _____

२. _____

३. _____

४. _____

येशु अपने पुर्नजीवन के बाद इस पवित्र आत्मा के बारे मे अपने माननेवालों को क्या वादा करते है ?

प्रेरितों के कार्य १:८- ''किन्तु पवित्र आत्मा तुम पर उतरेगा और तुम्हें सामर्थ्य प्रदान करेगा और तुम यरूशलेम में, समस्त यहूदा और सामरी प्रदेशों में तथा पृथ्वी के अन्तिम छोर तक मेरे साक्षी होंगे।''

_____

पवित्र आत्मा के बारे में कौनसे चार आदेशों का पालन करना है ?

गलातियों ५ : १६- मैं यह कहना चाहता हूँ, आप लोग पवित्र आत्मा की प्रेरणा के अनुसार चलेंगे तो शरीर की वासनाओं को तृप्त नहीं करेंगे।

१. _____

✋ ' चलो"- हाथों की उँगलियों पर।

इफिसियों ४ : ३०- परमेश्वर ने विमोचन - दिवस के लिए आप लोगों पर पवित्र आत्मा की मुहर लगायी है। आप परमेश्वर के उस पवित्र आत्मा को दु:ख नहीं दे।

२. _____

✋ आत्मा से भरे रहो।

१ थिस्सलुनीकियों ५ : १९- आत्मा की प्रेरणा का दमन नहीं करें।

३. _____

अपने आत्मा को मत बुझने दो।

योहन ७ : ३८- ''जो मुझ में विश्वास करता है, वह अपनी प्यास बुझाये। जैसा कि धर्मग्रन्थ का कथन है: 'उसके अन्तस्तल से संजीवन - जल की नदियाँ बह निकलेंगी।''

अभ्यास:

समाप्ति:

येशु यही है।

इब्रानियों १३:८- येशु मसीह एकरूप रहते हैं - कल, आज और अनन्त काल तक।

मत्ती १५:३०-३१- भीड़- की - भीड़ उनके पास आने लगी। वे लँगडे, अन्धे, लूले, गुँगे और बहुत-से दूसरे रोगियों को अपने साथ लाये थे। उन्होंने उनको येशो के चरणों में रख दिया और येशु ने उन्हें स्वस्थ कर दिया। जनसमूह ने देखा कि गूँगे बोल रहे है, लूले भले-चंगे हो रहे हैं, लँगड़े चल रहे है और अन्धे देखने लगे हैं। वे बड़े अचम्भे में पड़ गये और उन्होंने इस्राएल के परमेश्वर की स्तुति की।

येहन १०:१०- इब्रानियों १३:८ मे, मत्ती १५:३०-३१ मे, येहन १०:१० मे ''चोर केवल चुराने, मारने और नष्ट करने आता है। मैं इसलिए आया हूँ कि वे जीवन प्राप्त करे - बल्कि प्रचुरता से जीवन प्राप्त करें।

७

जाओ

जाना येशु को माँगनेवाले की तरह परिचित कराता है। माँगनेवाला नई जगह, लापता लोग और नई.... ढूँढता है। येशु कैसे तय करते है की कहाँ जाना है और मंडल चलाना है। वे खुद कुछ नही करते। वे देखते है की भगवान कहाँ काम करते है, वे भगवान से जुड जाते है और उन्हे पता है कि भगवान उनसे प्यार करते है और भगवान उन्हे दिखा देंगे, हम ये कैसे तय करे की हमे कहाँ सिखाना है ? ऐसा ही जैसे येशु ने किया था। भगवान कहाँ काम करते है ? वे गरीब, दु:खी बीमार लोगों के बीच काम करते है। भगवान के काम करने की दुसरी जगह अपना परिवार है। वे अपने पुरे परिवार को बचाना चाहते है। प्रशिक्षार्थी लोगों को देखते है और उन्हें वहाँ डालते है जहाँ भगवान काम कर रहे है अपने २९ नक्शे के नाटक पर

सराहना

प्रश्न

१. हम कैसे प्रार्थना करे खोये हुए लोगो के लिये जिन्हे आप जानते हो बचाये जाने के लिये ?
२. हम कैसे प्रार्थना कर सकते है जुथ के लिये जिसे आप प्रशिक्षण देते हो ?

प्रेम

चरवाहा कौनसी तीन चीजे करता है ?
दुसरो को सिखाने के लिए कौनसा मुख्य आदेश है ?
प्यार कहाँ से आता है ?
साधी पूजा क्या है ?
हमे पूजा क्यों करनी चाहिए ?
कितने लोग ये पूजा करने को लेते है ?

प्रार्थना-

कौनसी तीन चीजे है जो संत करता है ?
हम प्रार्थना कैसे करे ?
भगवान हमे कैसे जवाब देते है ?
भगवान का फोन नंबर कौनसा है ?

आज्ञा मानो —

कौनसी तीन चीजें नौकर करता है ?
किसे सबसे ज्यादा अधिकार है ?
कौनसे चार आदेश येशु अपने माननेवालों को देते है ?
हम येशु की आज्ञा कैसे माने ?
येशु हमे क्या वचन देते है ?

अभ्यास

समीक्षा

चलिये

बेटा कौन सी तीन चीज करता है ?

येशु की सेवा में शक्ति का मूल कारण क्या है ?

येशु ने क्रूस से पहले पवित्र आत्मा के बारे में माननेवालो को क्या वचन दिया ?

येशुने अपने पुनरुत्थान के बाद पवित्र आत्मा के बारे मे माननेवालो को क्या वचन दिया ?

पवित्र आत्मा के बारे मे अनुकरण करने क्या चार आदेश है ?

येशु किस प्रकार का है ?

लूक १९:१०- ''जो खो गया था, उसी को ढूंढने और बचाने के लिए मानव - पुत्र आया है।''

कौन सी तीन चीजे खोजनेवाला करता है ? —

मारकुस १:३७, ३८- और उन्हें पाते ही यह बोले, ''सब लोग आप को ढूँढ रहे हैं।'' येशु ने उन्हें उत्तर दिया, ''आओ, हम आसपास के अन्य कस्बों में चलें। मुझे वहाँ भी संदेश सुनाना है, क्योंकि इसीलिए तो मैं आया हूँ।''

१. _____

२. _____

३. _____

''यीशु खोजनेवाले है और हमारे अन्दर रहते है। जैसे ही हम उनका अनुकरण करते है, हम भी खोजनेवाले हो जाएगें। येशु कैसे निर्णय लेते है की कहाँ सेवा करनी है ?

योहन ५:१९, २०- येशु ने उन धर्मगुरूओं से कहा, ''मैं तुम से सच-सच कहता हूँ; पुत्र स्वयं अपने से कुछ नहीं कर सकता। वह केवल वही कर सकता है, जो पिता को करते हुए देखता है। जैसा पिता करता है, ठीक वैसा ही पुत्र भी करता है; क्योंकि पिता पुत्र को प्यार करता है और वह स्वयं जो कुछ करता है, उसे पुत्र को दिखाता है। वह उसे और महान् कार्य दिखायेगा, जिन्हें देख कर तुम लोग आश्चर्य में पड़ जाओगे।(एनएलटी)

१. _____

✋ ''येशु ने कहा, ''मैं स्वयं से कुछ भी नहीं करता हूँ।''''
एक हाथ अपने मन पर रखीये और मस्तक हिलाइये 'नही'।

२. _____

✋ येशु ने कहा 'मैं देखने दृष्टि करता हूँ की परमेश्वर कहा काम कर रहे है।'' एक हाथ आँखो के ऊपर रखीये और दायें और बायें देखिये।

३. _____

🖐 येशु ने कहा, ''वे जहाँ काम करते है, मैं वहाँ उनसे जुड
जाता हूँ।'' अपने आगे हाथ का निर्देश करे और सिर हाँ
मे हिलाइये।

४. _____

🖐 येशु कहा, 'और मैं जानता हूँ वे मुझे प्रेम करते है और
मुझे दिखायेंगे।'' सराहना में हाथ ऊपर उठाइये और फिर
अपने मन पर (क्रोस) उनको आड़ा किजीये।

हम कैसे निश्चय करे कि कहा सेवा करनी है ?...

*१ योहन २:५, ६- परन्तु जो उसके वचन का पालन करता है, उस में
सचमुच परमेश्वर का प्रेम परिपूर्णता तक पहुँचता है हम परमेश्वर में
है, इसका यह प्रमाण है, जो व्यक्ति कहता है कि मैं उसमे निवास करता
हूँ, उसे वैसा ही आचरण करना चाहिए, जैसा आचरण मसीह ने किया।*

हम कैसे जानेंगे कि परमेश्वर काम कर रहे है ?

*योहन ६:४४- जब तक पिता, जिसने मुझे भेजा है, आकर्षित न करे,
कोई मेरे पास नही आ सकता है; और मैं उसे अंतिम दिन पुनर्जीवित
कर दूँगा।*

येशु कहाँ काम करते है ?

लूक ४:१८-१९- ''प्रभु का आत्मा मुझ पर है, क्योंकि उसने मेरा अभिषेक किया है कि मैं गरीबों को शुभ-समाचार सुनाऊँ, उसने मुझे भेजा है जिससे मैं बन्दियों को मुक्ति का और अन्धों को दृष्टि- प्राप्ति का सन्देश दूँ, मैं दलितें को स्वतन्त्र करूँ और प्रभु के अनुग्रह का वर्ष घोषित करूँ।"" (एनएएसबी)

१. ______________________________

२. ______________________________

३. ______________________________

४. ______________________________

दूसरी जगह कहाँ है जहाँ येशु काम करते है ?

दुष्टात्माग्रस्त व्यक्ति-मरकुस ५

कुरनेलियुस - प्रेरितो १०

फिलिप्पी में दरोगा प्रेरितो १६

यादगार पद —

योहन १२:२६- यदि कोई मेरी सेवा करना चाहता है, तो वह मेरा अनुसण करे। जहाँ मैं हूँ, वहीं मेरा सेवक भी होगा। यदि कोई मेरी सेवा करे, तो पिता उसका सम्मान करेगा। (एन एल टी)

अभ्यास.

समाप्ति:

प्रेरितो २९ का नक्शा पूर्ण करते हुए - भाग २ ''आपके प्रेरितो २९ नक्शे पर, जहाँ यीशु काम कर रहे है उस जगह का चित्र बनाकर लेबर लगाइये। कम से कम पाँच जगह पहचानो जहाँ आप जानते हो यीशु काम करते है और हर जगह पर चिन्ह लगाइये। उस जगह प्रभु कैसे काम कर रहे है उसका लेबल लगाइये।""

८

भाग

भाग यीशु की सैनिक की तरह परिचय कराये गये है: सैनिक दुश्मनो से लड़ता है, कठोर शारिरीक क्लेश दृढ करते है, और बन्दी को आजाद करते है।

यीशु सैनिक है; जब हम उनका अनुकरण करते है,

हम भी सैनिक होंगे।

जैसे ही हम परमेश्वर जहाँ काम करते है वहाँ प्रभु से जुड़ते है, हम आध्यात्मिक रणक्षेत्र का सामना करते है।

माननेवाले शैतान को कैसे हराये ?

हम उसे हराते है यीशु की क्रूस पर मृत्यु के द्वारा, हमारी गवाही बाँटते हुए, और हमारे विश्वास के लिये मरने से न डरते हुए।

शक्तिशाली गवाही समावेश करती है मेरे भुवन की कहानी मेरे यीशु से मिलने से पहले की, मैं यीशु से कैसे मिला, और यीशु के साथ चलने ॅस मेरे भुवन में फर्क को।

गवाही

सराहना

प्रार्थना.

१. हम कैसे प्रार्थना करे खोये हुए लोगो के लिये जिन्हे आप जानते हो बचाये जाने के लिये ?

२. हम कैसे प्रार्थना कर सकते है जुथ के लिये जिसे आप प्रशिक्षण देते हो ?

अभ्यास

समीक्षा

कौन से आठ चित्र है जो येशु को अपनाने में मदद करते है।

प्रार्थना
संत जो तीन चीज करते है उसकी प्रार्थना करे ?
हम कैसे प्रार्थना करें ?
परमेश्वर हमें कैसे उत्तर देंगे ?
परमेश्वर का फोन नंबर क्या है ?

आज्ञा मानो
सेवक जो तीन चीज करता है उसको मानीये ?
सर्वोतम अधिकार किस के पास है ?

कौन से चार आदेश यीशु ने हर माननेवालों को दिये है ?

हम यीशु की आज्ञा कैसे माने ?

यीशु ने हर माननेवाले को क्या वचन दिया है ?

चलिये

पुत्र कौन सी तीन चीज करता है ?

यीशु की सेवा में शक्ति का मूल कारण क्या है ?

यीशु ने क्रूस से पहले पवित्र आत्मा के बारे में माननेवालों को क्या वचन दिया ?

कौन से चार आदेश है पवित्र आत्मा के बारे में अनुकरण करने ?

जाओ

कौन सी तीन चीजे खोजनेवाला करता है ?

यीशु कैसे निर्णय लेते है की कहाँ सेवा करनी है ?

हम कैसे निर्णय करें कि कहाँ सेवा करनी है ?

हम कैसे जान सकते है अगर प्रभु काम करते है ?

यीसु कहाँ काम करते है ?

कौन सी जगह है जहाँ यीशु काम करते है ?

येशु कैसे है ?

मत्ती २६:५३- क्या तुम यह समझते हो कि मैं अपने पिता से सहायता नहीं माँग सकता ? क्या वह इसी क्षण मेरे लिए स्वर्गदूतों की बारह से भी अधिक सेवाएँ वही भेज देगा ?" (सी इ वी)

१. _____

🖐 तलवार उठाइये।

कौन सी तीन चीजे सैनिक करता है?

मारकुस १:१२-१५- तुरन्त आत्मा ने येशु को निर्जन प्रदेश जाने को बाध्य किया। वह चालीस दिन निर्जन प्रदेश में रहे और शैतान ने उनकी परीक्षा ली। वह वन-पशुओं के साथ रहते थे और स्वर्गदूत उनकी सेवा-परिचर्या करते थे। योहन के गिरफ्तार ही जाने के बाद येशु गलील प्रदेश मे आए और यह कहते हुए परमेश्वर के शुभ-समाचार का प्रचार करने लगे, ''समय पूरा हो चुका है। परमेश्वर का राज्य निकट आ गया है। पश्चात्ताप करो और शुभ समाचार पर विश्वास करो।"" (सी ई वी)

१. ____

२. ____

३. ____

हम शेतान को कैसे हराये?

प्रकाशन १२:११- ''वे मेमने के रक्त के द्वारा और अपनी साक्षी के वचन के द्वारा शैतान पर विजयी हुए; क्योंकि उन्होंने अपने जीवन का मोह छोड़कर मृत्यु का स्वागत किया। (एन एल टी)

१. ____

२. ____

३. ____

मैं यीशु से कैसे मिला

१. _____

✋ कैसे आपके सामने केन्द्र में निर्देश करें।

२. _____

✋ अपनी दायीं ओर फिरो और हाथ ऊपर और नीचे हिलाइये।

३. _____

✋ आपके मंदिर की ओर निर्देश करो- जैसे आप प्रश्न के बारे में सोचते हो।

कुछ महत्वपूर्ण मार्गदर्शन क्या है अनुकरण करने ?

१. _____

२. _____

३. _____

यादगार पद

१ कुरिन्थियों १५:३, ४- मैने आप लोगों को सबसे पहले वह विश्वास सौंप दिया जो मुझे प्राप्त हुआ था, अर्थात् धर्मग्रन्थ के अनुसार मसीह हमारे पापों के लिए मरे वह कबर में रखे गए औरधर्मग्रन्थ के अनुसार तीसरे दिन जी उठे।

अभ्यास

नमक और शक्कर. ☙

समाप्ति:

बीज बोना

यीशु का परिचय करता है बीज बोनेराले की तरह: बीज बोनेवाले बीज बोते है, उनके खेतों की रक्षा करते है, और बड़ी कटनी मे आनन्द उडाते है। यीशु बीज बोनेराले है और वे हमारे अन्दर रहते है; जब हम उनका अनुकरण करते है, हम भी बीज बोनेवाले बनते है। जब हम कम बोते है, हम कम काटते है। जब हम ज्यादा बोते है, हम ज्यादा काटते है।

हमें लोगो के जीवन में क्या बोना चाहिये ? सिर्फ सरल सुसमाचार ही उनका परिवर्तन कर सकता है और उन्हें परमेश्वर के परिवार मे फिर से लाता है। एकबार हम जान लेते है कि प्रभु लोगो के जीवन में काम करते है, हम सरल सुसमाचार उनके साथ बांटते है। हम जानते है कि यह प्रभु की शक्ति है उन्हें बचाने के लिये।

सराहना

प्रार्थना

१. हम कैसे प्रार्थना करे खोये हुए लोगों के लिये जिन्हें आप जानते हो बचाये जाने के लिये ?

२. हम कैसे प्रार्थना कर सकते है जुथ के लिये जिसे आप प्रशिक्षण देना शुरु नहीं किया है, तो सम्भावित लोग जो उनके कार्य के प्रभाव में है, प्रार्थना किजीये की वे प्रशिक्षण देना शुरु कर सके।

अभ्यास

समीक्षा

कौन से आठ चित्र है जो येशु को अपनाने में मदद करते है।

आज्ञा मानो

कौन सी तीन चीज सेवक करता है ?
सबसे सर्वोत्तम अधिकार किस के पास है ?
कौन से चार आदेश यीशु ने हर माननेवालों को दिये है ?
हम यीशु की आज्ञा कैसे माने ?
यीशु ने हर माननेराले को क्या वचन दिया है ?

चलिये

पुत्र कौन सी तीन चीजे करता है ?
यीशु की सेवा में शक्ति का मूल कारण क्या है ?
यीशु ने क्रूस से पहले पवित्र आत्मा के बारे में माननेवालों को क्या वचन दिया ?
यीशु माननेवालो को पवित्र आत्मा के बारे में उनके पुनरुत्थान के बाद क्या वचन दिया ?
कौन से चार आदेश है पवित्र आत्मा के बारे में अनुकरण करने ?

जाओ

कौन सी तीन चीजे खोजनेवाला करता है ?

यीशु कैसे निर्णय लेते है की कहाँ सेवा करनी है ?

हम कैसे निर्णय करे कि कहाँ सेवा करनी है ?

हम कैसे जान सकते है अगर प्रभु काम करते है ? यीशु कहाँ काम करते है ?

कौन सी जगह है जहाँ यीशु काम करते है ?

बांटो

सैनिक क्या तीन चीज करता है ?

हम शैतान को कैसे हरा सकते है ?

शक्तिशाली गवाही की रूपरेखा क्या है ?

अनुकरण करने के लिये महत्वपूर्म मार्गदर्शन क्या है ?

येशु कैसे है ?

मत्ती १३:३६, ३७- येशु लोगों को विदा कर घर आए। उनके शिष्यों ने उनके पास आ कर कहा, ''खेत के जंगली बीज का दृष्टान्त हमें समझा दीजिए'' येशु ने उन्हे उत्तर दिया, ''अच्छा बीज बोनेवाला मानव -पुत्र है। (एन ए एस बी)

बीज बोनेवाला कौनसी तीन चीजे करता है ?

मारकुस ४:२६-२९- येशु ने उन से कहा, ''परमेश्वर का राज्य उस मनुष्य के सदृश है जो भूमि में बीज बोता है। वह रात-दिन सोता-जागता है। और उधर बीज उगता है और बढ़ता जाता है। वह नही जानता है कि यह कैसे हो रहा है। भूमि अपने आप फसल उत्पन्न करती है - पहले

अंकुर, फिर बालें और तब बालों में पूर्ण विकसित दाने। फसल तैयार होते ही वह हँसिया चलाने लगता है, क्योंकि कटनी का समय आ गया है।"" (सी ए वी)

१. ______________________

२. ______________________

३. ______________________

सरल सुसमाचार क्या है?

लूक २४:१-७- सप्ताह के प्रथम दिन, पौ फटते ही स्त्रियाँ तैयर किये हुए सुगन्धित द्रव्य ले कर कबर के पास गयीं। उन्होंने पत्थर को कबर से अलग लुढकाया। हुआ पाया, किन्तु शवकक्ष के भीतर जाने पर उन्हें प्रभु येशु का शव नहीं मिला। वे इस पर आश्चर्य कर ही रही थीं कि चमचमाते वस्त्र पहने दो पुरुष उनके पास आ कर खड़े हो गये। स्त्रियों ने भयभीत हो कर भूमि की ओर सिर झुका लिया। उन पुरुषों ने उन से कहा, ''आप लोग जीवित को मृतकों में क्यों ढूँढ रही हैं? वह यहाँ नहीं है, पर वह जी उठे हैं। गलील प्रदेश में रहते समय उन्होंने आप लोगों से जो कहा था, वह याद कीजिए। उन्होंने यह कहा था कि मानव - पुत्र का पापियों के हाथ सौंपा जाना, क्रूस पर चढ़ाया जाना और तीसरे दिन जी उठना अनिवार्य है।

''यीशु बीज बोनेवाले और करनी के परमेश्वर है।"" बीज बोनेवाला हाथ से बीज फैलाओ। बीज बोनेवाला कौनसी तीन चीजे करता है?

सरल सुसमाचार क्या है?

पहला...

१. _____

३. _____

दूसरा...

. _____

२. _____

३. _____

४. _____

५. _____

तीसरा...

१. _____

🖐 वे पूर्ण जीवन जीयो।""

२. _____

✋ ''यीशु क्रूस पर हमारे पापो के लिये मरे।''''

३. _____

✋ ''वे दफनायें गये।''''

४. _____

✋ ''परमेश्वरने उन्हें तीसरे दिन जीवित किया। तीन अंगुलियो के साथ भूजा पीछे ऊपर उठाइये।''''

५. _____

✋ हाथ नीचे की तरफ लाओ हथेलियां बाहर की तरफ रखते हुए।

चौथा

१. _____

✋ आप जिसको मानते हो उसकी ओर हाथ उठाइये

२. _____

✋ हथेलियां बाहर की ओर चेहरो को ढँकती है; मस्तक फिर
गया।

३. _____

✋ ''...प्रभु के परिवार में फिर से सत्कार (ात्म्दस्) किये
गये।'' '' हाथों को साथ में बांधो। '

यादगार पद

लूकस ८:१५- अच्छी भूमि पर गिरे हुए बीज वे लोग हैं, जो वचन
सुनकर उसे सच्चे और निष्कपट हृदय में सुरक्षित रखते और अपने धैर्य
के कारण फल लाते है।

अभ्यास

समाप्तिः

प्रेरितो २९:२१ कहाँ है? ⟩⟨

१०

स्वीकार करना

स्वीकार करना समापन कार्यकाल है सेमीनार का। यीशु ने हमे आदेश दिया हमारा क्रूस उठाने (स्वीकार करने) और उनका अनुकरण करने हर दिन। प्रेरितो २९ नकशा चित्र है क्रूस का जो यीशु ने हर विद्यार्थी को उठाने के लिये बुलाया।

इस अंतिम कार्यकाल में विद्यार्थी उनका प्रेरितो २९ नकशा जुथ को प्रस्तुत करते है। हर प्रस्तुति के बाद, जुथ प्रस्तुतकर्ता और प्रेरितो २९ नकशे पर हाथ रखते है। प्रभु के आशीर्वाद के प्रार्थना करते हुए और उनकी सेवा पर अभिषेक करते हुए। जुथ बाद में प्रस्तुतकर्ता को चेलेन्ज करता है आदेश ''आपका क्रूस उठाओ और यीशु का अनुकरण करो'' तीन बार दोहराते हुए। विद्यार्थी उनका प्रेरितो २९ नकशा बारी बारी से पेश करते है जबतक सब पूरा न कर ले। प्रशिक्षण समय पूरा होता है पूजा के गाने के साथ चेले बनाने के वचन के साथ और मशहूर आध्यात्मिक नेता द्वारा समापन प्रार्थना के साथ।

सराहना

प्रार्थना

अभ्यास

समीक्षा

कौन से आठ चित्र है जो येशु को अपनाने में मदद करते है।

सैनिक, माँगनेवाला, चरवाहा, बीज बानेवाला, बेटा, संत, नौकर, सेवा करनेवाला, बहुगुणी।

कौन सी तीन चीज सेवक करता है?

प्रभु का मनुष्य को पहला आदेश क्या था?

यीशु का मनुष्य को आखरी आदेश क्या था?

मैं कैसे फलस्वरुप बन सकता हूं और बढ़ सकता हूं?

इस्त्राएल मे कौन से दो समुद्र स्थित है?

वे इतने अलग क्यों है?

आप किसके जैसा होना पसंद करोगे?

प्रेम

कौन सी तीन चीजे चरवाहा करता है?

कौन सा सबसे महत्वपूर्ण आदेश है दूसरो को सीखाने के लिये?

प्रेम कहाँ से आता है?

सरल पूजा क्या है?

हमारे पास सरल पूजा क्यो है?

सरल पूजा करने कितने लोग चाहिये?

प्रार्थना

कौन सी तीन चीज संत करते है?

हमें कैसे प्रार्थना करनी चाहिये?

प्रभु हमें कैसे जवाब देंगे?

प्रभु का फोन नंबर क्या है?

आज्ञा मानो

    कौन सी तीन चीजे सेवक करता है ?

    किस के पास सर्वोत्तम अधिकार है ?

    यीशु हर माननेवाले को कौन से चार आदेश दिये ?

    हम यीशु की आज्ञा कैसे माने ?

    यीशु हर माननेवाले को क्या वचन दिया है ?

चलिये

    कौन सी तीन चीजे पुत्र करता है ?

    यीशु की सेवा में शक्ति का मूलसूत्र क्या था ?

    यीशु क्रूस के पहले माननेवालो को पवित्र आत्मा के बारे में क्या वचन दिया ?

    यीशु उनके पुनरुत्थान के बाद पवित्र आत्मा लिये माननेवालो को क्या वचन दिया ?

    पवित्र आत्मा का अनुकरण करने के बारे मे चार आदेश क्या है ?

जाओ

    खोजनेवाला कौन सी तीन चीजे करता है ?

    यीशु कैसे निर्णय करते है कि कहाँ सेवा करनी है ?

    हम कैसे निर्णय करें कि कहाँ सेवा करनी है ?

    हम कैसे जान सकेंगे कि प्रभु कहाँ काम करते है ?

    यीशु कहाँ काम करते है ?

    दूसरी जगह कहाँ है जहाँ यीशु काम करते है ?

बांटो

    सैनिक कौन सी तीन चीजे करता है ?

    हम कैसे शैतान को हरा सकते है ?

    शक्तिशाली गवाही की रूपरेखा क्या है ?

    अनुकरण करने के लिये कुच महत्वपूर्ण मार्गदर्शन क्या है ?

बोओ

बीज बोनेवाला कौन सी तीन चीजे बोता है ?

सरल सुसमाचार क्या है जो हम बांटते है ?

अभ्यास यीशु उनके अनुकरण करने वालो को रोज क्या करने का आदेश देते है ?

लूक ९:२३- तब येशु ने सब से कहा, ''जो मेरा अनुसरण करना चाहता है, वह आत्मत्याग करे और प्रतिदिन अपना क्रूस उठा कर मेरे पीछे हो ले।

_____

''अपने आप का अस्वीकार करो, आपका क्रूस उडाओ, और यीशु का अनुकरण करो।'''' कौन सी चार आवाजे है जो हमे बुलाती है हमारा क्रूस उठाने ? आवाज ऊपर

मारकुस १६:१५- तब येशु ने उन से कहा, ''संसार के कोने-कोने में जाओ और प्रत्येक प्राणी को शुभ समाचार सुनाओ। (एन एल टी)

१. _____

✋ ''यीशु हमें स्वर्ग से बुलाते है सुसमाचार बांटने।

लूक १६:२७-२८- धनवान मनुष्य ने उत्तर दिया, 'पिता! आप से एक निवेदन है। आप लाजर को मेरे पिता के घर भेजीए, क्योंकि मेरे पाँच

भाई है। लाजर उन्हे चेतावनी दे। कहीं ऐसा न हो कि वे भी यन्त्रणा के इस स्थान में आ जायें। (एच सी एस बी)

२. _____

🖐 नीचे से आवाज

१ कुरिन्थियों ९:१६- मैं इस पर गर्व नहीं करता कि मैं शुभसमाचार का प्रचार करता हूँ। मैं तो ऐसा करने के लिए विवश हूँ। धिक्कार मुझे यदि मैं शुभसमाचार का प्रचार न करूँ।

३. _____

🖐 अंदर से आवाज

प्रेरितों के कार्य: १६:९- वहाँ पौलुस ने रात में एक दर्सन देखा एक मकिदुनिया - निवासी उनके सामने खड़ा होकर रह अनुरोध कर रहा है, ''आप समुद्र पार कर मकिदुनिया में आइए और हमारी सहायता कीजिए।'' (एन एल टी)

४. _____

🖐 ''ये आवाज है बाहर से।''

प्रस्तुति

प्रेरितो २९मेप

प्रशिक्षकों का प्रशिक्षण

यह धारा, कैसे प्रशिक्षकों को पुनरुत्पादनीय तरीके से प्रशिक्षित करने का विवरण देगा। पहल हम आपको बताना चाहते है कि मेकिंग रेडिकल डिसाइपल्स के द्वारा दूसरों को प्रशिक्षित करने के परिणाम स्वरुप आप क्या समुचित उम्मीद कर सकते है। फिर, हम आपके लिए प्रशिक्षण की रुपरेखा बनाएंगे, जिसमें शामिल है १) अर्चना, २) प्रार्थना, ३) अध्ययन और ४) अभ्यास, जो बहुत महत्वपूर्ण ईश्वरीय आदेश पर आधारीत है। अंत में हम आपसे बाँटेंगे कुछ प्रमुख मूल तत्व प्रशिक्षकों को प्रशिक्षित करने के जो हमने इस प्रक्रिया को इस्तेमाल करते दौरान ढूंढे है।

परिणाम

मेकिंग रेडिकल डिसाइपल्स के परिष्करण या समापन के बाद, शिष्य निम्नलिखित कार्य के योग्य हो जाएँगा:-

- पुनरुत्पादनीय प्रशिक्षण कार्यक्रम का प्रयोग करे। येशु पर आधारीत दस मूल शिष्यता उपदेश दूसरों को सिखाना। येशु के शिष्य को दर्शाने वालो आठ प्रतिमा का स्मरण करना। बहुत महत्वपूर्ण ईश्वरीय आदेश पर आधारीत, सामान्य, छोटे-समुह अर्चना का अनुभव करते हुए नेतृत्व करना। शक्तिशाली कथन और इसा चरित पेशकश को आत्मविश्वास से बताना। हारे हुए तक पहुँचने के लिए एक ठोस द्रष्टि प्रस्तुत करना और समर्थक की ॲक्ट २९ मॅप इस्तेमाल करके प्रशिक्षित करना। शिष्य समुह की रचना करना (जिनमे कुछ लोग चर्च बन जाएंगे) और दूसरी को वही करने के लिए प्रशिक्षित करना।

प्रक्रिया

हर एक अधिवेशन वही फॅर्मिट का अनुकरण करता है। विधि और अनुमानित टाइम टेबल की सुची निचे अनुसार है:-

प्रशंसा

- १० मिनट
- किसी को सत्र चालू करने के लिए कहिए। भगवान के आशीर्वाद और दल के सभी को दिशा मिलने के लिए प्रार्थना किजीए। दल में किसी को कविता के लिए बोलने कहिए। वाद्य जरुरी नही।

प्रार्थना

- १० मिनट
- प्रशिक्षार्थियों की जोडियाँ बनाईयें जिनके साथ वह पहले साथी न रहे हो। प्राशिक्षार्थी एक दुसरे के साथ इन दो प्रश्नो के उत्तर घर पर बात करे।

  १) कैसे हम उन लापता लोगों के लिए प्रार्थना करे जिन्हे हम बचाना चाहते है?

  २) जिस दल को हम प्रशिक्षण दे रहे है उनके लिए कैसे प्रार्थना करे? अमर प्रशिक्षार्थी ने अपना दल नही बनाया तो उसका साथी उसे इस काम में मदद करे ताकी वह अपने मित्रो और परिवार के सदस्यो की सूची बनाए जिन्हे वह सिखा सकता है। फिर प्रशिक्षार्थी के साथ सूची के लोगों के लिए प्रार्थना करे।

अध्ययन

येशु के अपनाने का प्रशिक्षण कार्यक्रम इन प्रक्रियाओ को इस्तमाल करता है प्रशंसा, प्रार्थना, अभ्यास, सराव। ये प्रक्रिया साधी पूजा पर आधारित है। जो पहले पन्ने ३३ पर समझाये गए है। इस कार्यक्रम के पहले दस पाठो के लिए अभ्यास सत्र नीचे बताया गया है।

- ३० मिनट
- हर 'अभ्यास" हा भाग समीक्षा से चालू होगा। यह समीक्षा ख्रिस्त के, आठ चित्र और यह पाठ क्या बताता है उसके बारे मे होगी। प्रशिक्षण के अंत में प्रशिक्षार्थी पूरा प्रशिक्षण याद करके बोल पाएगा। समीक्षा के बाद सिखाने वाला प्रशिक्षार्थी को यह अभी का पाठ सिखाए। देखे की वह ध्यानपूर्वक नजदीक से सूने क्योंकि बाद मे वे एक दूसरे को सिखा सके। जब सिखानेवाला पाठ प्रस्तुत करता है तो रह नीचे दिए बातों का उपयोग करे —

  १ सवाल पुछो,
  २ धर्मग्रंथ पढो,
  ३ सवालो के जबाब देने के लिए प्रशिक्षार्थियों को प्रोत्साहित करे।

यह प्रक्रिया भगवान के शब्दों को जीवन में अधिकार देता है न की शिक्षक को। हमेशा शिक्षक सवाल पूछते है, जवाब देते है फिर अपने जवाब के लिए धर्मग्रंथ का आधार लेते है। इस स्थिती में भगवान के शब्द के बजाए शिक्षक को अधिकार मिलता है।

- अगर प्रशिक्षार्थी ने गलत जवाब दिया तो उसे सही मत कीजिए। किसी का धर्मग्रंथ का भाग जोर से पढने के लिए कहिए और फिर से जवाब दिजिए। हर पाठ कविता से समाप्त होगा। सिखानेवाला और प्रशिक्षार्थी एक साथ खडे होकर कविता दस बार बोले। बोलने से पहले उसका संदर्भ (पता) पहले बताए। प्रशिक्षार्थी अपने बायबल या नोट्स का उपयोग पहले छे बार कर सकते है।
- अंत में चार बार पुरा दल यह कविता याद करके दिल से बोले। पुरा दल दस बार कविता बोले और बैठ जाए।

अभ्यास

- ३० मिनट
- पहलेही शिक्षको ने प्रशिक्षार्थियों को 'प्रार्थना" भाग के लिए अलग किया होगा। उनके प्रार्थना के साथी ही उनके अभ्यास के साथी होगे।
- हर पाठ का एक तरीका होगा की जोडी मे से नेता कौन रहेगा। नेता वही है जो पहले सिखाएगा। शिक्षक जोडी मे से नेता चुनने का तरीका घोषित करे। प्रशिक्षार्थियों का अनुकरण करके नेता अपने साथी को सिखाएगा। प्रशिक्षण के कालावधी मे समीक्षा और नया पाठ भी हो। और अंत में कविता याद करे। प्रशिक्षार्थी 'स्मृती कविता" बोलने के लिए खडे हो जाए। और खत्म होने पर बैठ जाए। इससे शिक्षक को पता चलेगा की कौनसे प्रशिक्षार्थी ने खत्म किया है।
- जब एक व्यक्ति का खत्म होगा तो दुसरा व्यक्ति यह क्रिया दोहराएगा। ऐसा करने से वे प्रशिक्षण का भी अभ्यास करेंगे। ये देखे की इस प्रक्रिया में जोडी कुछ भी छोडे ना या कोई छोटा रास्ता न ले।
- जब वे अभ्यास कर रहे हो तो कमरे के आसपास चक्कर लगाए और देखे की वे आपके बताए रास्ते पर चल रहे है। हाथ की मुद्रा करने में असफल होना यह बताता है कि वे आपका अनुकरण नही कर रहे है। बार-बार यह देखे की वे आपकी तरह कर रहे है।
- उन्हे नया साथी ढुंढना है और वापस अभ्यास करना है।

समाप्ती

- २० मिनिट.
- हर सत्र व्यवहारिक संबंध अभ्यास सक्रियता मे कथम होता है। एक्ट २९ मेप के ऊपर कार्य के लिए शिष्य को ज्यादा समय दे दो, दूसरो से विचार करने को जोश दे।
- जो भी जरुरी सूचना है वो करो फिर कोई एक जन के सत्र के लिए प्रार्थना कर और भगवान का आशीर्वाद माँग। प्रशिक्षण के अंत तक सब जन प्रार्थना बंद करने को एक मौका मिले।

सादा पूजो

सादा पूजा फोलो जिसस ट्रेनिंग का मुख्य अंग है, ये चेले बनाने का मुख्य कार्य है। ये महान कमांडमेंट में से लिया गया है। सादा पूजा हमको सिखाते कैसे भगवान को पूरे दिल से प्यार करे, अपनी आत्मा से, पूरे मन से और पूरे ताकत से।

हम भगवान मे पूरे दिल से प्यार करते है इसलिए उसकी प्रशंसा करते है। हम अपनी आत्मा से भगवान से प्यार करते है इसलिए हम उनकी प्रार्थना करते है। हम बाइबल पढ़ते है। अंत में हम भगवान को पूरी ताकत से चाहते है इसलिए हमने जो सिखा है जो दुसरों के साथ बाँट सकते है उसका अभ्यास करते है।

भगवान ने दक्षिण पूर्व आशिया के सभी छोटे दलों को आशिर्वाद दिया है जिन्होने साधी पूजा को कही भी घर मे, हॉटेल में, उद्यान में, यहाँ तक की पगोडा में भी होना खोज निकाला है।

सूची

- 'चार लोगों का दल साधी पूजा का वक्त पूरा करने के लिए २० मिनट ले सकते है।
- 'चर्चा सत्र के दौरान साधी पूजा दिन के शुरुआत में या दोपहर के खाने के बाद हमे शुरु करनी है।
- 'पहली बार साधी पूजा अपने दल को करके बताए, उन्हे हर भाग समझाने के लिए वक्त ले।
- 'साधी पूजा कैसे करनी है इसके लिए आप आदर्श रहने के बाद प्रशिक्षण के हर व्यक्ति को अपना साथी चूनने के लिए कहिए।

- साधारणत: प्रशिक्षार्थी अपने मित्र को चुनते है। जब सबको साथी मिल जाए तो हर जोडी को दुसरे जोडी से जुडने के लिए कहिए ताकी चार का दल बने।
- दल को अपने नाम के साथ आने के लिए कहिए इसके लिए उन्हे कुछ वक्त दिजीए। फिर कमरे के पास जाकर उन्हे उनके दल का नाम पुछिए।
- बाकी के प्रशिक्षण में उस दल को यही नाम से जानने की कोशिश किजीए ? साप्ताहिक कार्यक्रम में हम पहले लोगों को साधी पूजा सिखाएँगे।
- अंत के दो सत्रो के दौरान हम वापस मिलेंगे और अभ्यास करेंगे।

प्रक्रिया

- दल को चार में विभाजिए। हर व्यक्ति साधी पूजा का अलग भाग लेगा।
- हर वक्त तुम साधी पूजा का अभ्यास करोगे। प्रशिक्षार्थी साधी पूजा के हर भाग का नेतृत्व बारी-बारी करेगा। इससे प्रशिक्षण वक्त के अंत में उन्होने हर भाग कम से कम दो बार किया होगा।

प्रशंसा-

- एक व्यक्ति कविता के दो पद्य गाने के लिए नेतृत्व करेगा। वाद्य की जरुरत नही। प्रशिक्षण सत्र के दौरान प्रशिक्षार्थीयों को अपनी कुर्सिया ऐसे रखने बोलो जैसे तुम कॉफी टेबलपर साथ में बैठे हो। हर दर अलग-अलग गाने गाएगा जो अच्छे होंगे। दल को बताईये की ये भगवान की प्रशंसा पूरे दिल से करने का वक्त है, ना की ये देखने का की कौनसा दल ज्यादा जोर से गा रहा है। प्रार्थना: दुसरा व्यक्ति प्रार्थना वक्त का नेतृत्व करे (अलग जो प्रशंसा वक्त में या) प्रार्थना नेता दल के हर सदस्य को प्रार्थना विनंती पुछेगा और उसे लिख लेगा। प्रार्थना नेता तब तक प्रार्थना करेगा जबतक वो दल से वापस न मिले। जब हर सदस्य अपनी प्रार्थना विनंती बता देगा तब प्रार्थना नेता अपने दल के लिए प्रार्थना करेगा।

अध्ययन:

- दल से एक दुसरा सदस्य अध्ययन वक्त का नेतृत्व करेगा।
- अध्ययन नेता बायबल की कहानियाँ अपने शब्दो मे कहेंगे।
- हम गॉसपल की कहानी सुझाएँगे। कम से कम शुरुवात मे कहने के लिए।
- ये दल पर आधारित है, की तुम अध्ययन नेता को बायबल की कहानियाँ पढ़कर उन्हे अपने शब्दो मे कहने के लिए कहे।
- नेता बायबल की कहानियाँ पढ़ने के बाद अपने दल को तीन प्रश्न पूछे:

  १) यह कहानी हमे भगवान के बारे में क्या सिखाती है ?
  २) यह कहानी हमे लोगों के बारे में क्या सिखाती है ?
  ३) मैंने इस कहानी से क्या सिखा जो मुझे येशु को अपनाने में मदद करता है ?

- दल हर प्रश्न की साथ में चर्चा करे, तब तक जब अध्ययन नेता ये न सोच की चर्चा कमजोर पड रही है। तभी नेता दुसरे प्रश्न पर जाएगा।

अभ्यास

- चार के दल में से दुसरा व्यक्ती अभ्यास वक्त का नेतृत्व करे।
- अभ्यास नेता दल को वापस पाठ की समीक्षा करने मे मदद करे।
- ये देख ले की सबको यह पाठ मसझ आया है और वे दुसरों को सिखा सकते है।
- अभ्यास नेता बायबल की वही कहानियाँ बताए जो अध्ययन नेता ने बताई थी।
- अभ्यास नेता वही एक जैसे सवाल पुछे जो अध्ययन नेता ने पूछे थे और दल हर सवाल पर वापस चर्चा करे।
- अंत साधी पूजा का दल पूजा के वक्त की समाप्ती दूसरा प्रशंसा गीत गाकर या भगवान की प्रार्थना साथ में बोलके कर सकते है।

याद रखने के लिए मुख्य

- साधी पूजा में चार का दल अच्छा काम करता है। अगर तुम्हें पाँच का दल बनाना है तो एक ही बनाए। तो तीन लोगो के दल बनाने से एक छ: लोगों का दल बनाना अच्छा है।

- साधी पूजा में पुर्ननिर्माण की मुख्य चाबी है हर व्यक्ती बारी-बारी इन चारो भागो मे से एक भाग का अभ्यास करे: प्रशंसा, प्रार्थना, अध्ययन, अभ्यास, चार का दल लोगों को बडे दल की तरह धमकाए नही तो उन्हे नया सिखने में आधार दे। दल को अपने दील की भाषा में पूजा करने के लिए प्रोत्साहित करे।

- अगर दल में कोई गायक नहीं है तो उन्हें यह कहकर सूचित करे की वे ईंस्ट्स एक साथ जोर से पढे। ये देख ले की तुम अभ्यास व्यक्ति को बहुत समय दे की अपने दल को अभ्यास सत्र मे ले जाए। अभ्यास वक्त मे उत्तरदायीता होना साधी पूजा के दल का पुर्ननिर्माण लाता है। अभ्यास सत्र के शिवाय वक्त बायबल अध्ययन दल मे बदल जाता है। यही है जो आप सचमुच चाहते है।

- जैसे के आपने देखा है साधी पूजा की प्रक्रीया 'येशू को अपनाने के प्रशिक्षण कार्यक्रम के दस सत्रों में इस्तेमाल की गई है। प्रशंसा, प्रार्थना अध्ययन और अभ्यास। बड़ा फरक अध्ययन क्षेत्र के भाग में है।

- 'येशु को अपनाना प्रशिक्षण" कार्यक्रम के अंत में प्रशिक्षार्थीयोंका साधी पूजा कार्यक्रम का अभ्यास कई होता है। हमारी प्रार्थना यही है वे दल का नेतृत्व करे और दूसरों को साधी पूजा साथ मे करने के लिए प्रशिक्षित करे।

अधिक अध्ययन

निम्नलिखित द्रव्यसाधन से विचारणा करे ज्यादा गहरी बातचीत प्रस्तुत किये हुए विषयो पर के लिये। सेवा कार्य की नयी जगहो में, यह भी अच्छी सूचि है पहली किताबो की बाइबल के बाद अनुवाद करने के लिये

बीलहेइमर, पोल (१९७५)। डेस्टीड फोर ध थ्रोन। क्रीस्टीयन लीटरेचर क्रुसेड।

ब्लेकाबाय, हेन्री टी. और कींग, क्लाऊड (१९९०). एक्सपीरीयन्सींग गोड: नोव्हींग एन्ड डुइंग ध पील ऑफ गोड.

लाइफ वे कार्लटन, आर. ब्रुस (२००३)। प्रेरितो २९: प्रेक्टीकल ट्रेनींग इन फेसीलीटेटींग चर्च - प्लान्टींग मुवमेन्टस अयन्ग घ नीगलेक्टेड हॉवेस्ट फिल्डस. फाइरोस प्रेस.

चेन, जोन. ट्रेनींग फोर ट्रेनरस. अनपब्लीशड, नो डेट।

ग्रेहाम, बोली (१९७८)। घ टोली स्पीरीट: एक्टीवेटींग गोडस पावर इन योर लाइफ

डब्लू पब्लीशींग ग्रुप।. होडझ, हर्ब (२००१)

टेली हो घ फोक्स! घ फाउन्डेशन फोर बील्डींग वर्ल्ड - वीझनरी, वर्ल्ड इम्पेक्टींग, रीप्रोड्युसींग डीसाइपलस स्पीरीचुअल लाइफ मीनीस्ट्रीस।

हेयबेल्स, बील (१९८८). टु बीझी नोट टु प्रे.। इन्टरर्वसीटी प्रेस।

युरेय, एन्डु (२००७) वीथ फ्राइस्ट इन घ स्कुल ओफ प्रेय डीगोरी प्रेस।

ओग्डेन, ग्रेग (२००३)। ट्रान्सफोर्मींग डीसायपलीशीय: मेकींग डीसायपलस ए प्यु एट अ टाइम. इन्टरर्वसींटी प्रेस।

पेकर, जे. आय (१९९३ नोइंग गोड. इन्टरवर्सींटी प्रेस.

पेटरसन, ज्योर्ज एन्ड स्कोजीन्स, रीर्चड (१९९८) चर्च मल्टीप्लीकेशन गाइड. पीलीयम फेरी लायब्रेरी।

पाइपर, जोन (२००६) वोट जीसस डीमान्डस फ्रोम घ वर्ल्ड. क्रोसवे बुक्स